FELIZ CUMPLEAÑOS

Espacio para Mensaje Personalizado

Feliz Cumpleaños: Un Poema de Celebración

COLECCIÓN DE POESÍA I

Escrito por Macarena Luz Bianchi

Diseñado por Zonia Iqbal

Para recibir un libro electrónico gratis, contenido exclusivo, más maravillas, bienestar y sabiduría, suscríbete al boletín *Lighthearted Living* en MacarenaLuzB.com y mira sus otros poemas, libros y proyectos.

ISBN: Tapa Dura: 978-1-954489-50-9 | Tapa Blanda: 978-1-954489-49-3

Imprint

Spark Social, Inc. es una imprenta en Miami, FL, USA, SparkSocialPress.com

Información sobre pedidos: Hay licencias disponibles, libros personalizados y descuentos especiales en las compras de cantidades. Para más detalles, póngase en contacto con la editorial info@sparksocialpress.com.

FELIZ CUMPLEAÑOS

Un Poema de Celebración

COLECCIÓN DE POESÍA I

Macarena Luz Bianchi

Imprint
Spark Social Press

¡Qué grandioso es vivir!

Aprecia tu hermosa vida.

Persevera, pase lo que pase,

siempre progresando con estilo y clase.

Tú y tu joven corazón son muy apreciados.

Naciste lleno de
amor y bendiciones.

Es hora de celebrar

tu día especial

Irradia alegría, paz y prosperidad.

Agradecido y conectado
en todos los sentidos siempre.

El amor sincero, la salud
y la armonía son tuyos.

Atrévete a soñar lo que deseas
crear hoy, mañana y más allá.

Acepta todos tus regalos
con gratitud y gracia.

¡Te mereces todo!

Tienes más tiempo precioso
para vivir tu gloriosa vida llena
de risas y llena de diversión.

¡Que tengas un feliz cumpleaños!
De todo corazón.

H.A.P.P.Y. B.I.R.T.H.D.A.Y.

A POEM OF CELEBRATION

How exquisite to be alive!

Acknowledge your glorious life.

Persevere, no matter what.

Progressing always with style and class.

You and your youthful heart are appreciated so much.

Born, beloved, and blessed on this day.

It's time to celebrate your special day.

Radiate with playfulness, peace, and prosperity.

Thankful and connected, in every way, always.

Heartfelt humor, health, and harmony are yours.

Dare to dream what you wish to create this day, year, and beyond.

Accept all your gifts with gratitude and grace. You deserve to say, "Yes!"

You get more precious time to live your glorious life filled with laughter and full of fun. May you have a happy birthday from the bottom of my heart! ♪

FELIZ CUMPLEAÑOS

UN POEMA DE CELEBRACIÓN

¡Qué grandioso es vivir!

Aprecia tu hermosa vida.

Persevera, pase lo que pase,

siempre progresando con estilo y clase.

Tú y tu joven corazón son muy apreciados.

Naciste, lleno de amor y bendeciones.

Es hora de celebrar tu día especial.

Irradia alegría, paz y prosperidad.

Agradecido y conectado, en todos los sentidos, siempre.

El humor sincero, la salud y la armonía son tuyos.

Atrévete a soñar lo que deseas crear hoy, mañana y más allá.

Acepta todos tus regalos con gratitud y gracia. Te mereces todo.

Tienes más tiempo precioso para vivir tu gloriosa vida llena de risas y llena de diversión.

¡Que tengas un feliz cumpleaños de todo corazón! ◢

¡Gracias!

Inspírate & Mantente Conectado

Para recibir un libro electrónico gratis, contenido exclusivo, más maravillas, bienestar y sabiduría, suscríbete al boletín *Lighthearted Living* en MacarenaLuzB.com y mira sus otros poemas, libros y proyectos. ✨

Agradezco tus Comentarios

Si te gusta este libro, revísalo para ayudar a otros a descubrirlo. Si tienes algún otro comentario, déjanos saber en info@macarenaluzb.com o en la página de contacto en MacarenaLuzB.com. Nos encantaría saber de ti y saber qué temas deseas en los próximos libros. 👤

Sobre la Autora

Macarena Luz Bianchi tiene un enfoque alegre y empoderador y sus lectores la consideran cariñosamente como Hada Madrina. Más allá de su colección de libros de regalo y poemas, también escribe guiones, ficción y no ficción para adultos y niños. Le encanta el té, las flores y los viajes.

Suscríbete a su boletín *Lighthearted Living* para obtener un libro electrónico gratuito y contenido exclusivo en MacarenaLuzB.com y síguela en las redes sociales. 💗

Macarena Luz Bianchi

Libros de Regalo

También disponibles para niños y adolescentes.
Versión en inglés: Gift Book Series.